新装版

教室で家庭で めっちゃ楽しく学べる国語のネタ63

多賀一郎・中村健一 著

黎明書房

はじめに

年々、集中力が続かなくなってきた子どもたちの変化に対応して、モジュールの授業が提唱されてきています。四十五分間の授業を五分、十分と、いくつかに区切って、一つの時間に何種類かの活動を取り入れようというものです。

しかし、ただおもしろいことを取り入れたらよいというものではありません。一つひとつの活動が、その学年で子どもが取り組むべきめあてに沿ったものであり、国語の言語感覚を磨くものでなければ、「活動ありて学びなし」という授業になりかねません。

そこで、国語のモジュール授業に適したクイズやパズル、ゲームを63のネタにまとめました。もちろん、普通の授業にも活用できます。いつも子どもたちを楽しくさせる方法を考え続けている中村健一と、国語教育の王道を追求している多賀一郎の二人で、子どもたちがいきいきと国語を楽しむ姿を思い浮かべながら、そのまま使えるクイズやパズル、ゲームを作りました。

この本では、言語事項の領域を中心に扱っています。漢字・熟語・言葉の使い方などを重点的に取り上げています。低中高のどの学年で指導するかは、新学習指導要領をもとにして分けていますが、言葉の学習はきっちりと低中高に分けられないところもあるので、少し領域を越えたものもありますが、クイズやパズル、ゲームの形式にすると、抵抗なくできるものです。

また、子どもたちが聞き耳を立てる国語の「ちょっとした話」や、アニマシオンの手法を使った「本を好きになる手だて」なども加えて、国語として幅のある学習を楽しめるようにしました。

学校の授業で使えるだけでなく、お家でも、子どもたちといっしょに楽しめる本として工夫したつもりです。各ネタの最後には、先生やお家の方々が実際に使われるときの「ねらい」や指導のポイントを入れました。活用していただければ、幸いです。

共著者　多賀　一郎

＊本書は、先に出版した『教師のための携帯ブックス⑪　教室で家庭でめっちゃ楽しく学べる国語のネタ63』を新装・大判化したものです。

もくじ

はじめに　2

低学年

❶ ひらがな神経衰弱　9
❷ ひらがな暗号　10
❸「へのへのもへじ」の目をかえよう　12
❹ いらないひらがなはどれだ？　13
❺「ん」で終わる言葉を集めよう　14
❻ 五十音…ひらがなは本当はいくつ？　15
❼ カタカナクロスワード　16
❽ 読点一つで大ちがい　17
❾ かえるの天気予報　18

❿どんな音？　19
⓫画数セブンⅠ　20
⓬ひらがなパズルに挑戦　21
⓭点々や丸で変身だ！ ―濁音と半濁音―　22
⓮夏言葉ビンゴ　24
⓯うぉ～！　字を探せⅠ　26
⓰クイズ しいて言うならⅠ　28
⓱耳をきたえる！ ―呼んでいるのは、だれ？―　30
⓲しりとりピラミッド　32
⓳聞いてQ ―数をつかめ編―　33
⓴子どもをひきつける三分間話「耳をかじった泥棒」　34
㉑宮沢賢治の「セロひきのゴーシュ」を読もう　36

中学年

❶カタカナパズルに挑戦　38

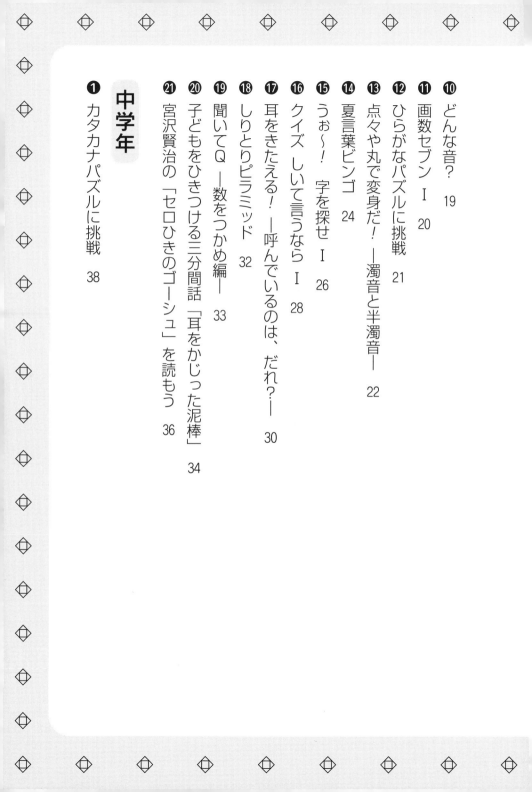

❷ 漢字熟語クロスワードⅠ　39
❸「朝」と「腸」は「つき」で同じ部首？　40
❹ 同じ画数の漢字集め　42
❺ 漢字の話「立」と「龍（竜）」　43
❻ 一番画数の少ない漢字　44
❼ 反対の意味の漢字を入れて熟語を完成させよう　45
❽ うぉ〜！　字を探せⅡ　46
❾ うっさんぼうぼうはってんてん　48
❿ つなぎ言葉にも、気持ちが表れる　49
⓫「て・に・を・は」が使いこなせるかな　50
⓬ お笑い五・七・五　52
⓭ 連想勝負！　54
⓮ 単位・数取り団ゲーム　55
⓯ 隠し言葉当てゲーム　56
⓰ 耳をきたえる！―「ワンワン」犬当てクイズ―　58

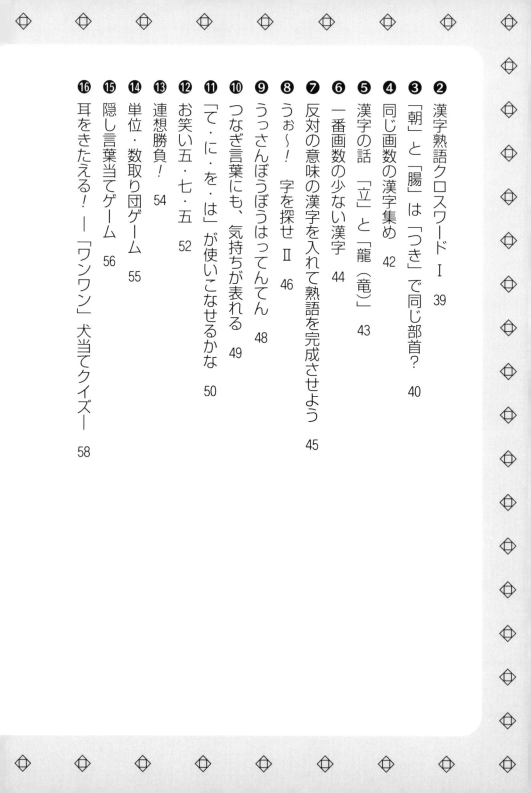

⑰ 先生の話を聞いていた？　チェ～ック！　59
⑱ 聞いてQ　―メモ編―　60
⑲ ローマ字読みで「略語」を遊んじゃおう！　61
⑳ 探偵だよ。犯人をさがせ！　62
㉑ かえるゲーム　64

高学年

❶ 漢字算数　65
❷ 同音異義語を聞いて考えよう　66
❸ 漢字熟語クロスワード Ⅱ　68
❹ 画数セブン Ⅱ　69
❺ 四字熟語スケルトン　70
❻ 漢字を強引に読んじゃおう！　72
❼ ペアにすると熟語になる漢字は？　74
❽ ことわざクイズ　75

❾ パロディことわざ　76
❿ よく使う「○○的」を考えよう　77
⓫ どちらがいいのかな？　78
⓬ 短縮言葉　80
⓭ クイズ　しいて言うなら　Ⅱ　82
⓮ 言葉をやわらかく　―漢語から和語へ―　84
⓯ 発明者は、だれ？　86
⓰ 外国から入ってきた言葉？　87
⓱ 万葉仮名暗号　88
⓲ 「生」は、いい意味？　悪い意味？　89
⓳ 三段論法　90
⓴ 同じ作者の作品はどれ？　92
㉑ 聞いてQ　―キーワードをつかめ編―　94
参考文献　95

これがわからないなんて…
ありえない…♡
新美南吉ファン→
手ぶくろを買いに
ごんぎつね

低学年 1

ひらがな神経衰弱

二人組で「ひらがな神経衰弱《しんけいすいじゃく》」を楽しみましょう。ルールは、次の通りです。

① 教師はたて七センチ、横五センチに切った画用紙を一人に二十三枚ずつ配る。子どもたちはペアになり、一人が「あ」から「ぬ」まで、もう一人が「ね」から「ん」までカードにていねいに書く。

② カードを裏返して、ばらばらに机に置く。一人が二枚めくる。その二枚の文字で言葉ができればカードはいただき。逆さから読んでもいい。

③ もう一人が二枚めくる。言葉ができれば、カードがもらえる。

④ 交互にくり返して二枚ずつめくっていく。たくさんのカードをもらった人が勝ち。

先生・お家の方へ

家や学校で簡単にでき、言葉の学習になるゲームです。家庭では、お家の方が言葉を教えながら進めるとよいでしょう。三文字、四文字と文字数を増やしてやっても楽しいです。

低学年 2

ひらがな暗号

次の暗号《あんごう》が読めるでしょうか？

① ち↓　↑け　う↓

② え↓　↑ひ　ろ→　↑え

③ ↑し　も←　い↓　た←　↑り

先生・お家の方へ

ひらがな五十音の一覧表を利用した暗号です。①を例に説明すると、「ち」の「↓（下）」は「つ」です。「け」の「↑（上）」は「く」です。「う」の「↓（下）」は「え」です。だから、答えは「つくえ」になるわけです。

ひらがな五十音の一覧表を黒板に貼り、暗号を解かせたり、暗号を作らせたりしてみましょう。子どもたちがひらがなに興味を持つこと、まちがいなしです。

ん	わ	ら	や	ま	は	な	た	さ	か	あ
		り		み	ひ	に	ち	し	き	い
		る	ゆ	む	ふ	ぬ	つ	す	く	う
		れ		め	へ	ね	て	せ	け	え
	を	ろ	よ	も	ほ	の	と	そ	こ	お

【答え】①つくえ　②おはよう　③さようなら

低学年 3

「へのへのもへじ」の目をかえよう

「へのへのもへじ」と書くと、顔になりますよね。目の部分の「の」を別のひらがなにかえてみましょう。「あ」「い」「う」……と入れていくと、いろいろな表情の顔ができあがります。

「あ」の場合は「パッチリもへじ」、「い」の場合は「お悩《なや》みもへじ」、「う」の場合は「こまったもへじ」など、名前をつけても楽しいですよ。

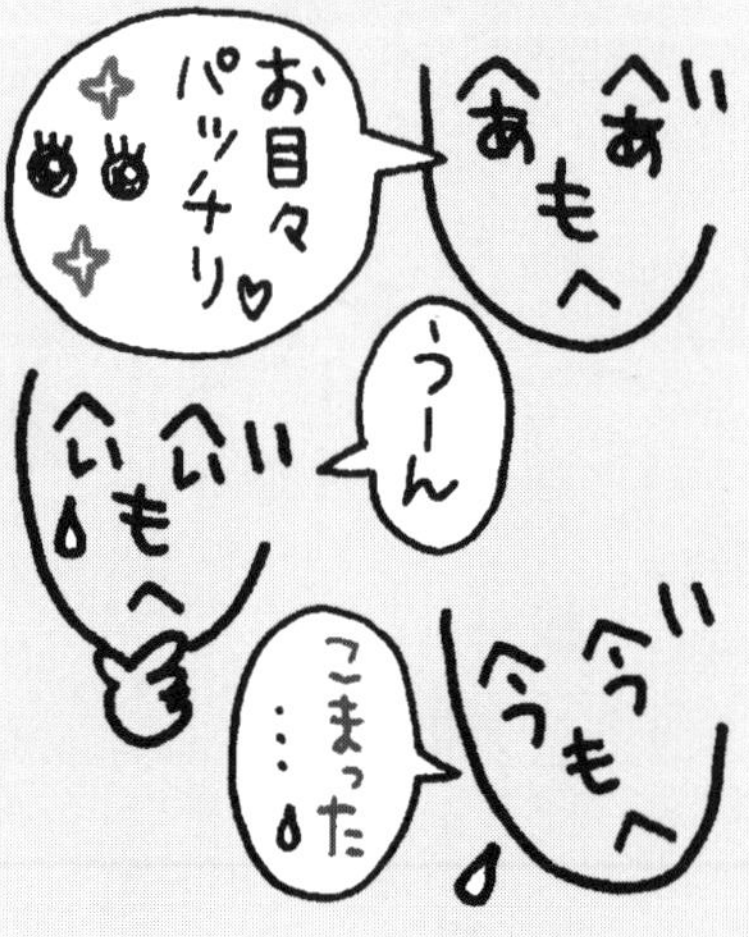

先生・お家の方へ

楽しみながらひらがなの練習ができる遊びです。もちろん、全部のひらがなをかえて顔を作っても楽しいですよ。カタカナや簡単な漢字を使ってもOKです。

低学年

4

いらないひらがなはどれだ？

先生が黒板に暗号《あんごう》を書きます。ひらがな一文字をすべて消すと意味が分かりますよ。

きゅうさしょくさはおいしさいな

先生・お家の方へ

楽しく暗号を解きながら、単語や文節を意識させることができます。もちろん、子どもたちに作らせてもOKです。

【答え】きゅうしょくはおいしいな（「さ」を三つ消す）

低学年 5

「ん」で終わる言葉を集めよう

しりとりは、最後に「ん」で終わる言葉を言うと負けてしまいます。今日は逆に、「ん」で終わる言葉を集めてみましょう。一分間で一番多くノートに書けた人が勝ちですよ。

先生・お家の方へ

語彙《ごい》を増やすことができるネタです。また、日本語の音のおもしろさを味わわせることができます。

ちなみに、餡（あん）、印（いん）、運（うん）、円・縁（えん）、恩（おん）など、あいうえおの順番に「ん」をつけていくと、二文字はほとんど意味が通ります。

【答え】四、パン、みかん、プリン、やかん、日本、反感、アルミ缶、印鑑、チャーハン、ベーコン、ゼッケン、騒音、漫画本、フライパン、アンパンマンなど

低学年 6 五十音…ひらがなは本当はいくつ？

「ひらがな五十音」とよく言います。では、実際《じっさい》にみんなが書けるようにならないといけないひらがなはいくつでしょう？

① 四十六個　② 四十八個　③ 五十個　④ 五十二個　⑤ 五十四個

先生・お家の方へ

「あ行・か行・さ行・た行・な行・は行・ま行・や行・ら行・わ行」の十個にそれぞれ五つずつのひらがながあって、五十個ありそうです。しかし、「や行」は「や・ゆ・よ」の三つだけ、「わ行」は「わ・を」の二つだけです。それに「ん」を加えて、ひらがなは全部で四十六個になります。（11ページ参照）

「五十個より四個も少ないんだから、がんばって書けるようになろう！」と子どもたちに言ってもよいでしょう。

【答え】 ①

低学年 7

カタカナクロスワード

たてとよこのカギをたよりに、白いマスにカタカナを書き入れましょう。

【たてのカギ】

② ヨーロッパの国。サッカーが強い

③ 庭球《ていきゅう》。ウィンブルドン　⑤ 一覧表《いちらんひょう》のこと

⑥ フランスの首都《しゅと》。花の都《みやこ》

【よこのカギ】

① 試験《しけん》のこと　④ ロンドンは○○○○の首都

⑥ 小麦粉《こむぎこ》をこねて焼《や》いたもの

⑦ 野菜《やさい》と肉をにこんだ料理《りょうり》

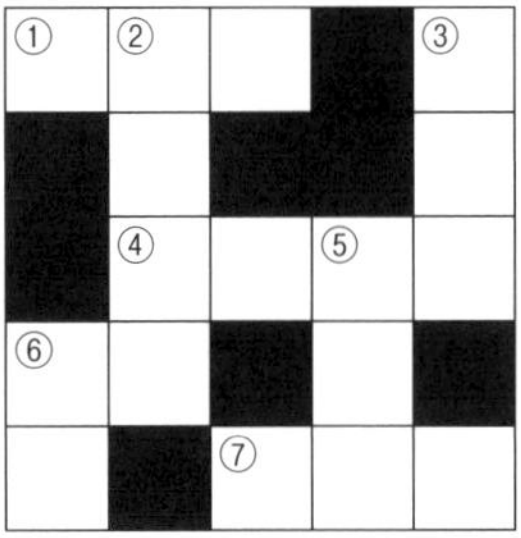

先生・お家の方へ

子どもによって、語彙力《ごいりょく》は全然ちがいます。辞典で調べさせたり、教えたりして、語彙を増やしましょう。

【答え】 たて②スペイン　③テニス　⑤リスト　⑥パリ
よこ①テスト　④イギリス　⑥パン　⑦ポトフ

低学年 8 読点一つで大ちがい

次の文章は、どこか変だぞ。読点《とうてん》（、）を打つ場所がちがっているからです。どこに打ち直せばよいのでしょうか。

① ぼくの母は、ねこの子を産《う》みました。
② 監督《かんとく》は試合に負け、てくびになった。
③ お腹《なか》がいたいとき、はいしゃにかかろう。

先生・お家の方へ

一字ちがいで大ちがいがとても多いのが、国語です。一字一句を大切にする意識を育てることが、正しい読み取りの力、表現の力をつけていきます。

【答え】 ①ぼくの母はね、この子を産みました。②監督は試合に負けて、くびになった。③お腹がいたいときは、いしゃにかかろう。

低学年
9
かえるの天気予報

口を大きく開いて、雨の中でかえるたちがよろこんでとびまわっているところを頭にえがいて、歌いましょう。

か、か、かえるが、ぱぴぷぺぽ。
雨のふる日は、楽しくて。
ぴゃぴゅぴょ、ぴゃぴゅぴょではねまわる。
田んぼのあぜ道、ぴゃんぴゅんぴょん。
ぴゃあーあーあーあー　あーーー、ぴょんぴょん。

先生・お家の方へ

拗音《ようおん》の滑舌《かつぜつ》は、なかなかうまくできませんが、この歌を楽しく歌うだけで、自然と習得できてしまいます。

低学年 10

どんな音？

風の音をたくさん書いてみましょう。弱い風から強い風まで、いろいろな風を想像すると、たくさん書けますよ。

先生・お家の方へ

擬音語や擬態語に興味を持たせることができます。お題は、「雨の音」「犬の鳴き声」「ドアを閉める音」「歩く様子」「走る様子」「火が燃える様子」「川が流れる様子」などがよいでしょう。

【答え】 そよそよ、ヒュー、ヒューヒュー、ぴゅうぴゅう、ゴー、ゴーゴーなど

低学年 11

画数セブンⅠ

次の漢字を、画数の少ない順番に並べてください。

音　数　週　聞　絵　高　青

八画	九画	十画	十一画	十二画	十三画	十四画

先生・お家の方へ

画数は、子どもにとって面倒なものです。しかし、ゲーム化して取り組むと、積極的に漢字を書いて確かめようとします。ちなみに、「しんにょう」は三画です。

【答え】

八画	九画	十画	十一画	十二画	十三画	十四画
青	音	高	週	絵	数	聞

低学年 12

ひらがなパズルに挑戦

空《あ》いている白いマスにひらがなを入れてみましょう。

その字を組み合わせて、一つの言葉にすると、北海道のみずうみにいる生き物になりますよ。

その生き物は何でしょう？

■	な	だ	れ
や		■	
■	み	か	ん
す	ず		■

先生・お家の方へ

いろいろなひらがなを入れて読んでみるだけで、「あっ、こんな言葉あったかな」「これは、ちがうよね」と、言葉の学習になります。

【答え】まりも

低学年 13

点々や丸で変身だ！

―濁音と半濁音―

次の【　　】の中の言葉で　点々（濁点《だくてん》）や丸（半濁点）をつけた方がよいと思うものには、ぴったり合う点々や丸をつけましょう。ただし、つけない方がよいものもありますよ。

① あめが【しとしと】ふってくる。

② 子ブタがにおいを【ひくひく】かいでいる。

③ ほっぺたが【ひくひく】ひきつった。

④ おぼうさんが木魚《もくぎょ》を【ほくほく】たたく。

⑤ あついおいもを【ほくほく】食べる。

⑥ 星が【きらきら】かがやいている。

⑦ 夏の太陽《たいよう》が【きらきら】光っていた。

⑧ さむさに【ふるふる】ふるえた。

先生・お家の方へ

擬態語の練習が低学年から入っています。このようなクイズを取り立てて行い、言葉のニュアンスを例文としてつかませましょう。

【答え】 ①しとしと ②ひくひく ③ぴくぴく ④ぽくぽく ⑤ほくほく ⑥きらきら ⑦ぎらぎら ⑧ぶるぶる

低学年

14

夏言葉ビンゴ

次から、夏の言葉だけ選んでビンゴに書きましょう。

えだまめ　すいか　スキー　あさがお

くり　かぶと虫　ぐみ　みかん

ききょう　ひまわり　犬　せみ

かぼちゃ　プール　すず虫　きゅうり

ねこ　さつまいも　いか　くわがた虫

ピーマン　トマト　とうもろこし　ぶどう

ぞう　つる　コスモス　なす

さくら　かき氷　雪だるま

先生・お家の方へ

新指導要領で「自然を愛する心」があげられ、新しい教科書のいくつかには、季節の言葉が取り上げられています。季節の言葉をビンゴゲームにすると、子どもたちも楽しく考えられます。ビンゴにしなくても、順番に読み上げていき、子どもたちに「○」「×」を言わせれば、ゲームとして学習できます。

今の子どもたちは経験が不足しています。分からないものは、写真や絵で教えましょう。

【答え】えだまめ　すいか　あさがお　かぶと虫　ぐみ　ひまわり　せみ　かぼちゃ　プール　きゅうり　くわがた虫　ピーマン　トマト　とうもろこし　なす　かき氷

低学年 15

うぉ〜！ 字を探せ Ⅰ

先生が今からプリントを配ります。裏返したままにしておいてください。「スタート！」の合図で、プリントをひっくり返します。よく見てみると、明らかなまちがいがありますよ。まちがいが分かったら、そのまちがいに○をして立ってください。二十秒以内に立てれば、合格です。では、「スタート！」

先生・お家の方へ

左ページを拡大コピーして配ってください。子どもたちは、集中してまちがいを探します。また、まちがいを見つけて、笑顔になります。

授業の導入に持って来いのネタです。

【答え】 八行目の「せいかつ」が「とんかつ」になっている。

《うぉ～！　字をさがせ》

こくご　さんすう　せいかつ　ずこう　たいいく　おんがく
こくご　さんすう　せいかつ　ずこう　たいいく　おんがく
こくご　さんすう　せいかつ　ずこう　たいいく　おんがく
こくご　さんすう　せいかつ　ずこう　たいいく　おんがく
こくご　さんすう　せいかつ　ずこう　たいいく　おんがく
こくご　さんすう　せいかつ　ずこう　たいいく　おんがく
こくご　さんすう　せいかつ　ずこう　たいいく　おんがく
こくご　さんすう　とんかつ　ずこう　たいいく　おんがく
こくご　さんすう　せいかつ　ずこう　たいいく　おんがく
こくご　さんすう　せいかつ　ずこう　たいいく　おんがく
こくご　さんすう　せいかつ　ずこう　たいいく　おんがく
こくご　さんすう　せいかつ　ずこう　たいいく　おんがく

クイズ しいて言うなら Ⅰ

ちょっと似ている「気持ちやようすを表す言葉」を考えてみましょう。次の言葉は、どちらでも使えるような気がしますが、「どちらかに決めなさい」と言われたら、どちらに当てはまるでしょうか。

① うれしい　たのしい
・うちのかぞくは、いつも（　　　　　　）。
・（　　　　　）手がみがとどいた。

② こまかい　くわしい
・もっと（　　　　　）せつ明をしなさい。
・あんまり（　　　　　）ことばかり言わないで。

あんまり「くやしい」ことばかり言わないで！
それは「くわしい」
さらにまちがってます…

③ さみしい　かなしい

・お父さんが海外にいて、いつも（　　　）。

・大すきな犬が死んだので（　　　）。

④ まじめな　しょうじきな

・かれはしごとに（　　　）人だ。

・わるいことをしてもかくさない（　　　）人だ。

⑤ 元気な　明るい

・かれがいるとクラスは（　　　）ムードになる。

・（　　　）子どもは外であそびなさい。

先生・お家の方へ

言葉の意味は分かっても、使い方の分からないのが、難しいところです。微妙なちがいは具体例で学ぶのがよいでしょう。

【答え】①たのしい　うれしい　②くわしい　こまかい　③さみしい　かなしい　④まじめな　しょうじきな　⑤明るい　元気な

低学年 17

耳をきたえる！
―呼んでいるのは、だれ？―

耳をきたえるゲームをやってみましょう。ルールは、次の通りです。

① 教師が一人を指名し、黒板の前にアイマスクなどで目隠しをして立たせる。
② 教師は残りの人から一人選んで肩をたたく。肩をたたかれた人は目隠しをしている人の名前を「○○くん（さん）」と呼ぶ。
③ 目隠しをしている人は、呼んだ人の名前を当てる。当てれば一点。当てられなければ終了。
④ 当てた場合、次に教師は二人選んで肩をたたく。今度は二人同時に「○○くん（さん）」と呼ぶ。
⑤ 目隠しをしている人は、呼んだ二人の名前を当てる。二人当てれば二点が追加される。一人も当てられなければ終了。一人だけ当てた場合は一点追加して終了。
⑥ このように、呼んだ人全員の名前を当てられたら、三人、四人……と同時に呼ぶ人の

人数を増やして続けていく。失敗したら終了。得点の高かった人が優勝。

先生・お家の方へ

授業の最初に一〜二人に挑戦させるとよいでしょう。教室がシーンとして集中した雰囲気ができあがります。

また、最高記録の子の名前と記録を黒板に書いておくとよいでしょう。子どもたちは、新記録を出そうと、意欲を持って取り組みます。

低学年 18

しりとりピラミッド

「か」「かめ」「めだか」「かりうど」、一文字、二文字、三文字、四文字と、どんどん文字数を増やしながら行うしりとりです。

まずは、個人戦で勝負です。三分間で何文字まで増やせるか、ノートに書いてください。

一番多くの段が書けた人が優勝です。

先生・お家の方へ

グループで相談して、何文字まで増やせるか考えるのも楽しいです。

また、一対一での勝負もできます。交互にしりとりをして、一文字ずつ文字数を増やしていきます。一分以内に答えられなかったら、負けです。

低学年 19 聞いてQ

―数をつかめ編―

先生がお話をします。そして、そのお話をもとにクイズを出します。よく聞いて、答えてくださいね。

お話　子どもが三人、バスに乗っていました。最初のバス停で、二人降りて、三人乗りました。次のバス停で、一人降りて、三人乗りました。その次のバス停で、二人降りて、三人乗ってきました。そのまた次のバス停で、一人降りて、二人乗ってきました。

クイズ　①バス停は、いくつありましたか?
②今、何人乗っていますか?

先生・お家の方へ

一回目は、聞き取り。二回目は、問題を出した後、答えを考えながら聞かせます。子どもたちは、集中して聞き取ろうとします。

【答え】①四つ　②八人

低学年
20
子どもをひきつける三分間話
「耳をかじった泥棒」

むかし、さんざん悪いことをしたあげくにつかまった大泥棒《おおどろぼう》が、死刑《しけい》になることになりました。大泥棒は、町の中を、しばられて刑場《けいじょう》へと歩かされました。町の人たちが集まってきて、「泥棒」「悪人《あくにん》」などと、口々にののしりました。

すると、群衆《ぐんしゅう》の中から一人のおばあさんが飛び出してきて、大泥棒にだきつきました。そして、

「ああ、うちの息子《むすこ》を殺《ころ》さないでおくれ。私の大切な息子なのに」

と、大声でわめきました。町の人たちもしんとしてしまいました。

すると、大泥棒は、そのおばあさんの耳をがぶりとかみきってしまいました。

「ひどいやつだ」「人間の心がないのか」

町の人たちは、大泥棒を非難《ひなん》しました。

大泥棒は、こう言いました。

「私が小さい頃《ころ》、ちょっとした盗《ぬす》みをはたらいても、母は何も言ってくれませんでした。いくら悪いことをしても、黙《だま》っていました。それで私はどんどん悪いことを重ねていき、ついに、今のようになってしまったのです」

先生・お家の方へ

子どもが「何で注意を聞かないといけないの」というような顔をしたり、耳の痛い話をしなければいけないときに、この話をすれば、効果抜群です。

低学年 21

宮沢賢治の「セロひきのゴーシュ」を読もう

今配ったプリントに、宮沢賢治の書いた「セロひきのゴーシュ」というお話がのっています。来週このお話のクイズを出しますから、読んできてください。

出題例① まちがいをさがせ、ダウト

教師は、【例】のような文を音読する。子どもたちは、まちがっている点に気づいたら「ダウト」と言って手をあげる。そして、どこがどうまちがっていたかを発表する。

【例】……ゴーシュは街の活動写真館でギターをひく係でした。けれどもあんまり上手でないというひょうばんでした。上手でないどころではなく、実は仲間の楽手の中では一番下手でしたから、いつでも楽長にだいじにされるのでした。昼すぎ、みんなはステージにまるくならんで、こんどの街のダンスパーティへ出す第六交響曲の練習をしていました。トランペットは一生懸命歌っています。ピアノもボーボーとそれを手伝っています。……

出題例② 主人公と遊ぼう ―だれが持ってきたの?―
動物たちが持ってきた物の絵を示し、だれがそれを持ってきたのか当てさせる。
A 楽譜
B トマト

出題例③ 主人公と遊ぼう ―だれが言ったの?―
会話文を示し、だれが言った言葉か当てさせる。
A 「ではね、『ゆかいな馬車屋』をひいてください。」
B 「おまえさんもはいるかね。」
C 「ところがわたしはドレミファを正確にやりたいんです。」

先生・お家の方へ

新指導要領で「読書活動」が採り上げられていることに対応した学習です。クイズをうまく利用することで、子どもたちを読書に親しませることができます。

【答え】 ①「ギター」→「セロ」「だいじにされる」→「いじめられる」「ステージ」→「楽屋」「ダンスパーティ」→「音楽会」「ピアノ」→「クラリネット」 ②Aたぬきのこども B三毛ねこ ③Aたぬきのこども Bゴーシュ Cかっこう

中学年 1

カタカナパズルに挑戦

空《あ》いている白いマスにカタカナを入れてください。
その字を組み合わせて、一つの言葉にしましょう。
おいしい食べ物になりますよ。

■	ト		ン	プ	■
	■	イ	■		リ
ポ		ン	ト	■	■
ン	■	■		■	
ジ	ン	■	カ	バ	ー
■	■	■	ツ	■	プ

先生・お家の方へ

語彙《ごい》の少ない子どもには少し手強い問題かもしれません。解答を先に示して、どこにどの字を入れていくか考えてもよいでしょう。

【答え】 チキンライス

中学年
2 漢字熟語クロスワードⅠ

たてと横のカギをたよりに、白いマスに漢字を書き入れましょう。

【たてのカギ】
① 人はみんなちがった性質《せいしつ》を持っているということ
② 何度失敗しても、また立ち上がってがんばるさま

【横のカギ】
② ササの葉、さらさら……　③ うつくしい人
④ 「○○○○、まちがいないよ。」・・・意味は「ほとんど」
⑤ 自然のながめ

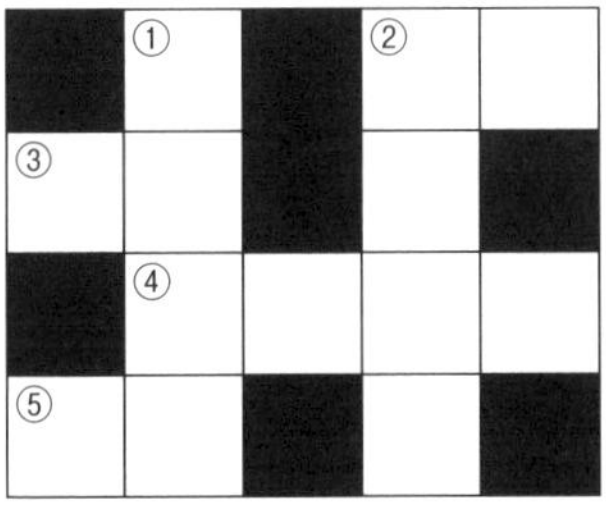

先生・お家の方へ

四年生から少しずつ入ってくる四字熟語の語彙《ごい》も、これを機に増やせるとよいですね。

【答え】 たて① 十人十色《じゅうにんといろ》　② 七転八起《しちてんはっき》　横② 七夕　③ 美人　④ 十中八九《じっちゅうはっく》　⑤ 景色

中学年 3
「朝」と「腸」は「つき」で同じ部首？

○×クイズです。「朝」と「腸」は「つき」で同じ部首《ぶしゅ》である。○か、×か？
○×ポーズで答えてください。

正解は、……×です。「朝」は「つき」です。
「腸」は「にくづき」です。

「朝」「朔」「朗」「期」などは「つき」で空に浮かんでいる月に関係があります。

「腸」「臓」「肌」「肝」「肩」「股」「胃」「胆」「背」「肺」「胸」「脇」「胴」「脈」「脚」「脳」「腕」「腎」「腹」「腰」「膝」「膚」など、「月」がついている体に関係のある漢字は、すべて「にくづき」が部首です。

空に浮かんでいる月と体とどんな関係があるんだろう、とふしぎに思ったことはありませんか？

実は、「にくづき」は、空の月とはまったく関係がありません。「肉」という漢字を横からギュッと押してみてください。そうすると、「月」になりますよね。「にくづき」は、そうやって作られた部首なのです。

先生・お家の方へ

子どもたちは、体を表す漢字にどうして「月」がついているんだろう、と漠然とですが、ふしぎに思っています。その疑問を使って、漢字に興味を持たせることができるネタですね。

ちなみに、「にくづき」は「肉」がもとなので、漢字辞典でも六画のページに位置づけられています。

中学年
4

同じ画数の漢字集め

五画の漢字をノートに書きます。時間は三分。
一番多く書けた人が優勝です。

先生・お家の方へ

子どもたちは、五画の漢字を思い出そうと、知っている漢字をたくさん空書きします。これも、漢字に興味を持たせるネタですね。

もちろん、四画、六画など、ちがう画数でも楽しめます。

【答え】 丘、世、巨、主、仕、他、代、令、兄、写、出、加、北、半、去、右、古、台、四など。

中学年 5 漢字の話 「立」と「龍（竜）」

「立春《りっしゅん》」という言葉があります。春が始まる日のことです。「立つ」という言葉には、「突然現れる」という意味があります。「立春」には、この日から、突然春になるというような意味があるのです。

「夕立」という言葉にも、「夕方に突然降り出す雨」という意味があります。

「立つ」という言葉は、「龍《たつ》（竜）」という言葉から来ています。竜は、突然現れる自然現象を昔の人が空想の動物に喩《たと》えて畏怖《いふ》したものではないでしょうか。「龍」の一部分に「立」という字が入っていますよね。

「立春」の「立」と、「龍（竜）」がもとは同じだなんて、おもしろいと思いませんか。

先生・お家の方へ

漢字にはさまざまな意味があります。また、部分、部分につながりもあります。そういうことを楽しんで聞きながら考えるのが、国語の基本の力になっていくでしょう。

中学年
6

一番画数の少ない漢字

一番画数が少ない漢字は何でしょう？
そうです。「一」が一画で一番画数が少ない漢字です。
でも、実は一画の漢字がもう一つあります。分かりますか？

先生・お家の方へ

画数が多い漢字を聞く問題はたくさんあります。ちなみに、小学校で習う漢字で最も画数が多いのは、二十画の「競」「護」「議」です。
逆に、最も画数が少ない漢字を聞いてみるのも、おもしろいです。「一」が横棒なので、子どもたちは「縦棒？」などと、いろいろ考えてくれます。

【答え】 乙

中学年 7 反対の意味の漢字を入れて熟語を完成させよう

「強弱」「高低」「上下」など、反対の意味の漢字を組み合わせた熟語があります。
次の□には、どんな漢字が入るでしょうか？

① □後　② □少
③ □負　④ □暗
⑤ □死　⑥ □悪
⑦ □得　⑧ □無

先生・お家の方へ

子どもたちは、クイズが大好きです。こういうちょっとしたクイズを利用することで、熟語に興味を持たせることができます。

【答え】 ①前　②多　③勝　④明　⑤生　⑥善　⑦損　⑧有

中学年
8
うぉ〜！ 字を探せ Ⅱ

先生が今からプリントを配ります。裏返したままにしておいてください。「スタート！」の合図で、プリントをひっくり返します。よく見てみると、明らかなまちがいがありますよ。まちがいが分かったら、そのまちがいに○をして立ってください。

三十秒以内に立てれば、合格です。では、「スタート！」

先生・お家の方へ

26ページの「うぉ〜！ 字を探せ Ⅰ」の漢字バージョンです。これも、左ページをコピーして行ってください。

子どもたちが大喜びで取り組むこと、まちがいなしです。

【答え】 五行目、上から五番目の「燃焼」が「丸焼」になっている。

中学年

《うお〜！ 字をさがせ》

燃焼燃焼燃焼燃焼燃焼燃焼燃焼燃焼燃焼燃焼燃焼燃焼燃焼
燃焼燃焼燃焼燃焼燃焼燃焼燃焼燃焼燃焼燃焼燃焼燃焼燃焼
燃焼燃焼燃焼燃焼燃焼燃焼燃焼燃焼燃焼燃焼燃焼燃焼燃焼
燃焼燃焼燃焼燃焼燃焼燃焼燃焼燃焼燃焼燃焼燃焼燃焼燃焼
燃焼燃焼燃焼燃焼丸焼燃焼燃焼燃焼燃焼燃焼燃焼燃焼燃焼
燃焼燃焼燃焼燃焼燃焼燃焼燃焼燃焼燃焼燃焼燃焼燃焼燃焼
燃焼燃焼燃焼燃焼燃焼燃焼燃焼燃焼燃焼燃焼燃焼燃焼燃焼
燃焼燃焼燃焼燃焼燃焼燃焼燃焼燃焼燃焼燃焼燃焼燃焼燃焼
燃焼燃焼燃焼燃焼燃焼燃焼燃焼燃焼燃焼燃焼燃焼燃焼燃焼
燃焼燃焼燃焼燃焼燃焼燃焼燃焼燃焼燃焼燃焼燃焼燃焼燃焼
燃焼燃焼燃焼燃焼燃焼燃焼燃焼燃焼燃焼燃焼燃焼燃焼燃焼
燃焼燃焼燃焼燃焼燃焼燃焼燃焼燃焼燃焼燃焼燃焼燃焼燃焼

中学年
9

うっさんぼうぼうはってんてん

「うっさんぼうぼうはってんてん」……何のことか分かりますか？
実は、この言葉の通りに書いていけば、「寒」という漢字ができあがります。
他の漢字もこのように分けて覚えると、楽に書けるかもしれませんね。

先生・お家の方へ

「うっさんぼうぼうはってんてん」、みなさんも一度は耳にされたことがあるのではないでしょうか？　このふしぎな響きの言葉が子どもたちは好きなようです。すぐに覚えてしまいます。

他にも、「むつきどんどんひひどんどん」で「態」などがあります。漢字を分解し、リズムのよい言葉で漢字を楽しく覚えさせてしまいましょう。

おはよー
うっさんぼうぼうはってんてん
いっさんぼうぼうはってんてん

中学年 10 つなぎ言葉にも、気持ちが表れる

次の気持ちを表しているのは、AとBのどちらの文でしょうか。

① 残念だという気持ち

A チーム一丸《いちがん》となってがんばった。それで、準優勝《じゅんゆうしょう》だった。

B チーム一丸となってがんばった。しかし、準優勝だった。

② そんなにして、だいじょうぶなのかと心配する気持ち

A 彼女はたくさん寄付《きふ》したそうだよ。つまり、あの人はお金持ちなのですか。

B 彼女はたくさん寄付したそうだよ。だけど、あの人はお金持ちなのですか。

先生・お家の方へ

接続詞一つにも話し手の心情が表れ、微妙な心の動きを読み取ることができます。

【答え】 ①B ②B

中学年
11
「て・に・を・は」が使いこなせるかな

次の文は「て・に・を・は」の使い方がまちがっています。その言葉を選び出して、正しい言葉にかえましょう。

① 山田くんは、海を泳ぎに行った。

② 友だちは、今日は、電車を乗ってくる。

③ ぼくは、毎日、公園へ遊び場にしている。

④ 父が、ストーブをあぶないと言いました。

⑤ お湯にわかした。

⑥ 日本語へもっと勉強したい。

⑦ 先生はぼくにしかりました。

⑧ しんせんな空気をとてもすばらしい。

⑨ お金にないのでこまっています。

⑩ 妹は、友だちにいっしょに行きました。

先生・お家の方へ

「て・に・を・は」は、思いこみのために、まちがって使っている場合があります。一つひとつ確認していくことが大切です。

【答え】 ①を↓へ ②を↓に ③へ↓を ④を↓は ⑤に↓を ⑥へ↓を ⑦に↓を ⑧を↓は ⑨に↓が ⑩に↓と

中学年
12

お笑い五・七・五

川柳《せんりゅう》は、五音、七音、五音でできています。みんなで手分けして、五・七・五の川柳を作ってみましょう。ルールは、次の通りです。

① クラスを三つに分け、それぞれ最初の五音、七音、最後の五音のどの言葉を担当するかを決める。
② 子どもたちは、紙に自分が担当する言葉を、それぞれの音数で書く。
③ 教師は、最初の五音、七音、最後の五音に分けて紙を集める。そして、それぞれをシャッフルする。
④ 教師は、最初の五音、七音、最後の五音の紙を一枚ずつ取る。そして、読み上げる。
⑤ 「遠足の歯医者に行った運動会」「ドラえもん角を曲がるとランドセル」など支離滅裂《しりめつれつ》な川柳ができあがり、子どもたちは大爆笑。

先生・お家の方へ

よくやる「いつ」「どこで」「だれが」「だれと」「○○をした」「そして、××になった」の五・七・五版です。楽しみながら五音や七音のリズムに慣れることができます。

中学年 13

連想勝負！

だれの連想が一番すごいか勝負してみましょう。ルールは、次の通りです。

① 教師は回答者五人を選び、教室の前に出す。そして、例えば「値段の高い物」とお題を出す。

② 三十秒後、回答者は三十秒で思いついた物を一つ小黒板に書く。

③ 回答者は一人ずつ小黒板をクラス全員に見せる。「家」「車」「ただ」など。

教師は「どうして、『ただ』なの？」と理由を聞く。回答者は「ただより高い物はない、と言うから」など理由を説明する。

④ 五人全員が回答を発表し理由を説明し終わったら、クラス全員が「たしかに『一番値段が高い』と思った物」に挙手で投票する。一番多くの票を得た人が優勝。

先生・お家の方へ

発想力や理由を説明する力がつくゲームです。珍答に笑いが起こることも多いです。お題は「速いもの」「怖いもの」「楽しいこと」「笑えること」「最悪なこと」「幸せなこと」など。

郵便はがき

料金受取人払郵便

名古屋中局
承　　認

3000

差出有効期間
2022年1月
15日まで

4 6 0 − 8 7 9 0

4 1 3

名古屋市中区
丸の内三丁目6番27号
（EBSビル8階）

黎明書房 行

購入申込書

●ご注文の書籍はお近くの書店よりお届けいたします。ご希望書店名をご記入の上ご投函ください。（直接小社へご注文の場合は代金引換にてお届けします。2500円未満のご注文の場合は送料800円，2500円以上10000円未満の場合は送料300円がかかります。〔税10％込〕10000円以上は送料無料。）

（書名）	（定価）　円	（部数）　部
（書名）	（定価）　円	（部数）　部

ご氏名　　TEL.

ご住所 〒

ご指定書店名（必ずご記入ください。）	取次・番線印	この欄は書店または小社で記入します。
書店住所		

愛読者カード

—

今後の出版企画の参考にいたしたく存じます。ご記入のうえご投函くださいますようお願いいたします。新刊案内などをお送りいたします。

書名	

1. 本書についてのご感想および出版をご希望される著者とテーマ

※上記のご意見を小社の宣伝物に掲載してもよろしいですか？

□ はい　□ 匿名ならよい　□ いいえ

2. 小社のホームページをご覧になったことはありますか？　□ はい　□ いいえ

※ご記入いただいた個人情報は，ご注文いただいた書籍の配送，お支払い確認等の連絡および当社の刊行物のご案内をお送りするために利用し，その目的以外での利用はいたしません。

ご氏名《ふりがな》　年齢　歳

ご職業　（男・女）

（〒　）

ご住所

電話

ご購入の書店名		ご購読の新聞・雑誌	新聞（　） 雑誌（　）

本書ご購入の動機（番号を○で囲んでください。）

1. 新聞広告を見て（新聞名　）
2. 雑誌広告を見て（雑誌名　）
3. 書評を読んで
4. 人からすすめられて
5. 書店で内容を見て
6. 小社からの案内
7. その他（　）

ご協力ありがとうございました。

中学年
14

単位・数取り団ゲーム

「数取り団ゲーム」をやってみましょう。ルールは、次の通りです。

① 教師の「せーの」の合図で、子どもたちは『ブンブンブブブン』と声をそろえて言う。
② 教師が、物の名前（名詞）を言いながら、一人を指さして指名する。【例】「ヨット」
↓クラスみんなで『ブンブン』とかけ声をかける。（以下同）
③ 指名された子は、言われた名詞の数え方を言う。最初は「一」から。【例】「一そう」
↓正しく言えれば、もう一度クラスみんなで『ブンブン』。（以下同）
④ また教師が名詞を言いながら、次の子を指名する。【例】「ゴリラ」↓『ブンブン』
⑤ 指名された子は、前より一つ数を増やして数え方を言う。【例】「二頭」↓『ブンブン』
⑥ うまく数え方が言えなかったら、アウト。

先生・お家の方へ

慣れたら子ども同士で輪になって行います。基本の助数詞を学習した後がよいでしょう。

中学年 15

隠し言葉当てゲーム

今から先生が小黒板に書く言葉は何でしょうか？
教室にある物です。「イエス」「ノー」で答えられる質問をして、当ててください。
二分以内に当てることができたら、君たちの勝ちです。
ルールは、次の通り。

① 教師が、「教室にある物」を一つ、子どもたちに見えないように小黒板に書く。【例】「ランドセル」

② 子どもたちは、「一人ひとりが持っている物ですか？」「動きますか？」「先生が使う物ですか？」など、「イエス」「ノー」で答えられる質問をする。

③ 教師はそれらの質問に「イエス」「ノー」で答える。「イエス」「ノー」で答えられない質問には、「分かりません」と言う。

④ 子どもたちは「これだ！」と思ったら、ずばり「時計ですか？」「筆箱ですか？」な

どと質問する。まちがえていれば、教師は「ノー」と答える。

⑤【例】の場合、ずばり「ランドセルですか？」と聞かれたら、教師は「イエス」と答える。二分以内に正解が出れば、子どもたちの勝ち。

先生・お家の方へ

質問する力をつけることができるゲームです。また、質問で答えを絞っていくので、論理的な思考力も育ちます。

※喜岡淳治氏の実践（上條晴夫編著『論理的な表現力を育てる学習ゲーム』学事出版）をもとに、短時間で小学生にもできる形に修正した。

中学年 16

耳をきたえる！
―「ワンワン」犬当てクイズ―

耳をきたえるゲームをやってみましょう。ルールは、次の通りです。

① 教師が五人を指名し、廊下に出す。廊下に出た五人の子の名前は黒板に書いておく。
② 教室に残っている子は、(1)～(5)までの番号をノートに書く。
③ 廊下に出た五人は順番を決め、一番目の子が「ワン、ワン」と犬の鳴き真似をする。教室に残っている子は、ノートの(1)に一番目に鳴いたと思う子の名前を書く。
④ 同様に、二番目の子、三番目の子……と順番に続けていく。
⑤ 五番目の子が鳴き終わったら、正解発表。教師の「一番目の犬は、この人でした」の合図で、廊下に出た子が順番に入ってくる。正解の多い子が優勝。

先生・お家の方へ

授業の最初に行うのがオススメ。集中して聞くので、教室が落ち着いた雰囲気になります。また「ワン、ワン」の鳴き声に子どもたちは笑顔になります。

中学年 17 先生の話を聞いていた? チェ〜ック!

今から先生が三つ話をします。一つ目は、図書室の使用についてです。今日の中間休みは、図書室が使えないそうです。二つ目は、廊下の歩き方についてです。最近、廊下を走る人が多くいるようです。中には校舎内で鬼ごっこをして遊んでいる人もいるという話を聞いて、先生は驚きました。走りたい人は、外で遊んでください。校舎内は絶対に走りません。三つ目は、鍵の落とし物についてです。事務室に鍵が届いているそうです。もしなくした人がいたら、事務室に取りに行ってください。

それでは、ノートの一番最後のページを開いてください。先生の話を聞いていたかどうかのテストです。三つのお話が何についてのお話だったのか書きましょう。

先生・お家の方へ

くり返しテストすると、子どもたちは教師の話をよく聞くようになります。教師はナンバリング、ラベリング(三つ話をします。一つ目は、〜です)をして話しましょう。

中学年 18

聞いてQ
―メモ編―

先生がお話をします。そして、そのお話をもとにクイズを出します。メモをしながらよく聞いて、答えてくださいね。

お話

太郎くんは、お母さんのためにオムレツを作ることにしました。材料をそろえました。

ハム　たまご　塩　こしょう　ケチャップ　タマネギ　ジャガイモ

まず、ハムとタマネギをいためて、塩とこしょうをかけました。そして、ぐつぐつたいたジャガイモをつぶして、ハムとタマネギにまぜました。その上からケチャップをかけて、できあがりです。

クイズ

あれっ。何か抜けているぞ。それは、何でしょう?

先生・お家の方へ

中学年版「聞いてQ」です。メモをとることの大切さを伝えられます。**【答え】**たまご

中学年
19
ローマ字読みで「略語」を遊んじゃおう！

「NHK」という言葉を聞いたことがありますか？「NHK」は、「にっぽん（Nippon）ほうそう（Hoso）きょうかい（Kyokai）」をローマ字で書き、それぞれの最初のアルファベットを合わせた略語です。

よく聞くアルファベットの略語に、ローマ字で意味を考えて遊んでみましょう。

たとえば、次のようにです。

・PK↓「パン、固い」「ピカチュウ、かわいい」「ピンチ、来るな」など
・ATM↓「あなた、たまに、魔女《まじょ》」「明日、寺に、参ろう」など
・SOS↓「刺身《さしみ》に、お醤油《しょうゆ》じゃなくて、ソース？」「そんなに、己《おのれ》を、責めるな」など
・AKB↓「足が、きれいな、僕《ぼく》」「明るい、気分で、勉強しよう」など

先生・お家の方へ

楽しみながら、ローマ字の学習ができます。ユニークな発想力も鍛えられますね。

中学年 20

探偵だよ。犯人をさがせ！

来月、図書室にある本のクイズ大会をします。「エーミール」のシリーズ、「大どろぼうホッツェンプロッツ」のシリーズ、「エルマーのぼうけん」のシリーズから出すから、読んでおいてください。

出題例

① 『チョコレート戦争』で、結局、金泉堂のショーウインドウをこわしたのはだれ？
② エーミールのお金をとったどろぼうの名前は？
③ ふたたびあらわれたホッツェンプロッツをつかまえるのに活躍した犬の名前は？
④ 『エルマーとりゅう』の表紙のエルマーは、何をしているのですか？

先生・お家の方へ

本にはいろいろな楽しみ方があります。子どもがこのクイズをきっかけに読書を始める場合もありますし、クイズに答えるために本を熟読することもあります。

【答え】 ①トラック　②グルントアイス・ミューラー・キースリング　③ヴァスティ　④ハーモニカをふいている

中学年
21

かえるゲーム

アマガエル、ウシガエル、イボガエルなど、いろいろな種類のカエルがいます。でも、「○○かえる」という言葉はカエルの種類に限りません。「ふり返る」「考える」「抱《かか》える」のように、「○○かえる」という言葉はとっても多いのです。今から一分間で、「○○かえる」「○○がえる」という言葉をノートに書きます。たくさん書けた人がエライです。

先生・お家の方へ

「よみがえる」「若返る」「栄える」「迎える」「生き返る」「着替える」「置き換える」「塗り替える」「まちがえる」「やりかえる」「見ちがえる」「切り換える」「言い換える」「控える」「取り替える」などなど、「○○かえる」という言葉は驚くほどたくさんあります。子どもたちは大喜びで「○○かえる」を探します。

高学年 1

漢字算数

今から先生が黒板に漢字の式を書きます。答えになる漢字は、何でしょう？

角 ＋ 刀 ＋ 牛 ＝

先生・お家の方へ

「解」という漢字は一見、複雑です。しかし、簡単な漢字の「角」「刀」「牛」の組み合わせに過ぎません。一見複雑な漢字も、分解して簡単な漢字の組み合わせにすることで、子どもたちは楽に覚えられます。

他の漢字も分解して覚える習慣をつけさせるとよいでしょう。

【答え】 解

高学年 2

同音異義語を聞いて考えよう

今から読む文章には、同じ読み方をする熟語が何度か出てきます。よく聞いて、その熟語を漢字で書きましょう。

① カイホウ
病気が（カイホウ）に向かっている人は、窓を（カイホウ）して空気を入れましょうと（カイホウ）に書いてありました。

② イシ
（イシ）の強い（イシ）には、（イシ）を投げても平気だ。

③ シュウシュウ
チョウの（シュウシュウ）のときにおこったけんかを（シュウシュウ）した。

イシの強いイシにはイシを投げても平気だ。

先生・お家の方へ

同音異義語は、聞くとわかりにくいものです。それでも、耳にしたら漢字が想像できるようにしたいですね。ここは、文章を読んで考えるのではなく、聞き取って書くようにすることがオススメです。そうすると、聞き取りと漢字の二つの力が同時に育てられます。
ぜひ、読んであげましょう。

【答え】 ①快方　開放　会報　②意志　医師　石　③収集　収拾

高学年 3

漢字熟語クロスワードⅡ

たてと横のカギをたよりに、白いマスに漢字を書き入れましょう。

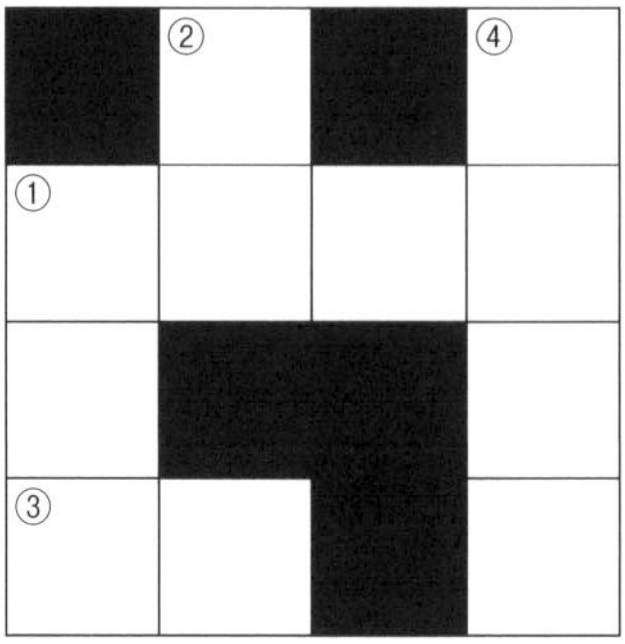

【たてのカギ】

① 空の上でのたたかい

② 亡《な》くなる前

④ 前も後ろも、横も、全方向

【横のカギ】

① いまだかつて聞いたことのないような様子

③ ○○を失うと、戦えない・・・戦おうという気持ち

先生・お家の方へ

子どもたちはクロスワードが大好きです。漢字クロスを作らせてみても楽しいですよ。

【答え】 たて①空中戦　②生前　④前後左右　横①空前絶後　③戦意

高学年 4

画数セブン Ⅱ

次の漢字を、画数の少ない順番に並べてください。

配　創　権　郎　基　慣　鉱

九画	十画	十一画	十二画	十三画	十四画	十五画

先生・お家の方へ

パソコン、携帯電話などの変換機能を使うようになって、画数はなおざりにされがちです。取り立てて指導しないと、意識づけることはできません。

【答え】

九画	十画	十一画	十二画	十三画	十四画	十五画
郎	配	基	創	鉱	慣	権

高学年 5

四字熟語スケルトン

次の四字熟語を□に漢字で入れていくと、一つだけあまります。どれでしょう？

しんしょうぼうだい　いみふめい　いきとうごう

ゆだんたいてき　だいどうしょうい　だいたんふてき

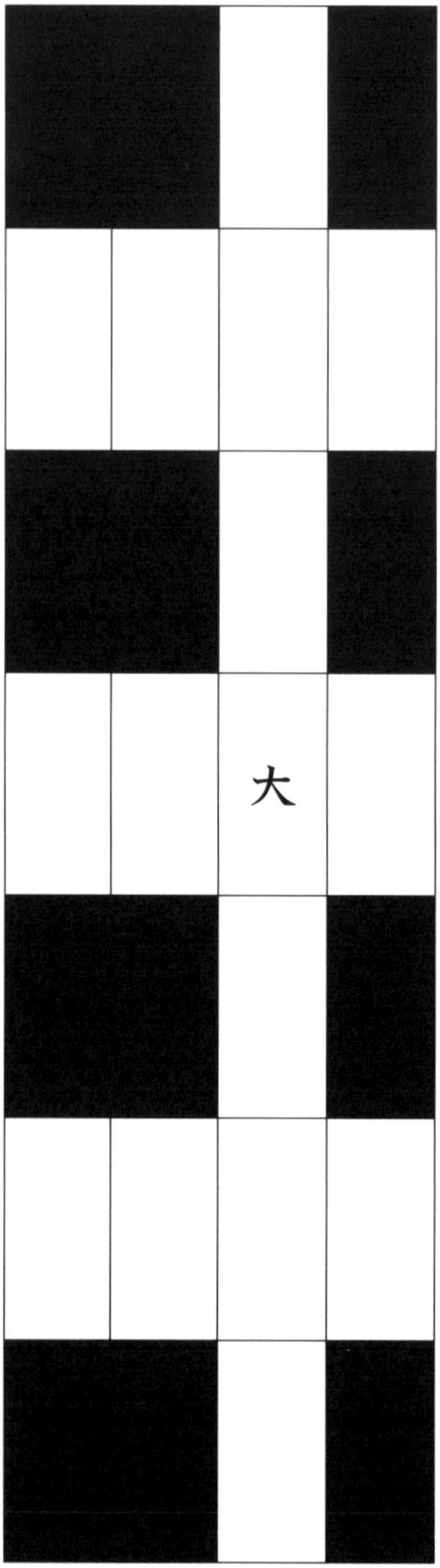

先生・お家の方へ

四字熟語には、習っていない漢字がいくつか出てくることがあります。でも、覚えさせてしまいましょう。

このパズルのポイントは、重なる部分が一カ所あるということです。

【答え】 意気投合

		針	
大	同	小	異
		棒	
油	断	大	敵
		胆	
意	味	不	明
		敵	

高学年 6

漢字を強引に読んじゃおう！

みなさんは、「峠」という漢字を知っていますか？

この漢字、「ロープウェイ」と読むんですよ。理由は、山を上に行ったり、下に行ったりするからです。

実は、ウソです。納得ですよね？

「峠」は、「とうげ」と読みます。


それでは、次の漢字を強引に読んでみましょう。もっともらしい説明ができたら、OKです。

・「仇（本当は、キュウ、あだ）」【例】「やきゅう」↓野球は九人でするから。
・「坪（本当は、つぼ）」【例】「へいち」↓平たい土だから。
・「苺（本当は、いちご）」【例】「たね」↓植物の母は種だから。
・「忍（本当は、ニン、しの-ぶ、しの-ばせる）」【例】「いかり」↓心に刃《やいば》を持っていて怒っているようだから。

・「戻（本当は、レイ、もど-す、もど-る）」【例】「ごうてい」↓豪邸は戸も大きいはずだから。
・「技（本当は、ギ、わざ）」【例】「さかだち」↓手で体を支えるから。
・「沙（本当は、サ、シャ、すな）」【例】「かんばつ」↓水が少ないから。
・「浄（本当は、ジョウ、きよ-い）」【例】「すいきゅう」↓水球は水の中で争うスポーツだから。
・「篤（本当は、トク、あつ-い）」【例】「たけうま」↓竹でできた馬だから。
・「証（本当は、ショウ、あかし）」【例】「しょうじきもの」↓正しいことを言うから。
・「詩（本当は、シ）」【例】「おきょう」↓お寺で言うから。
・「鋳（本当は、チュウ、い-る）」【例】「ごしゅうぎ」↓お祝いの時にあげるお金だから。
・「飽（本当は、ホウ、あ-きる、あ-かす）」【例】「にくまん」↓包んで食べるから。

先生・お家の方へ

漢字の持つ意味に興味を持たせることができます。また、知らない漢字でも推理して読んでみようという意欲を持たせることができます。

高学年 7

ペアにすると熟語になる漢字は？

先生が今から黒板に漢字を書きます。これらの漢字はある漢字と組み合わせると、どれも熟語になります。その漢字は何でしょうか？

曜　光　課　程　過

先生・お家の方へ

班対抗で行うと楽しいです。班六人のうち五人が前に出ます。先生がお題になる漢字を五人に見せます（【例】「書」）。五人はその漢字を使った熟語を考えます（【例】「書面」「読書」「書道」「書写」「書類」）。そして、その熟語の、お題でない方の漢字を黒板に書きます（【例】「面」「読」「道」「写」「類」）。班の残り一人は解答者です。五人が書いた漢字を見て、お題の漢字が何なのかを当てます。

【答え】「日」・・・「日曜」「日光」「日課」「日程」「過日」

高学年 8

ことわざクイズ

次の中から二つの言葉を選んで、それらの入ったことわざを書きましょう。全部で五つのことわざができあがりますよ。

はち　どんぐり　くぎ

あぶ　水　背　花

焼け石　ぬか　団子

先生・お家の方へ

キーワードを組み合わせてことわざにする問題です。意味もたずねてみてください。
また、「あぶはちとらず」に似たことわざは何かなどと聞くのもよいでしょう。

【答え】 あぶはちとらず　どんぐりの背《せい》くらべ　ぬかに釘《くぎ》　焼け石に水　花より団子

高学年 9

パロディことわざ

パロディことわざです。本当はどういうことわざでしょうか。

①寝《ね》る子は起きる
②負けるは負け
③備えあればうれしいな
④後のおつり
⑤チリも積もればじゃまとなる
⑥カエルの子は帰る
⑦泣く子は目立つ
⑧ネコにご飯
⑨三度目のそうじき
⑩当たってくじけろ

先生・お家の方へ

子どもたちはパロディが大好きです。楽しみながら、正しいことわざを覚えるでしょう。

【答え】①寝る子は育つ ②負けるが勝ち ③備えあればうれいなし ④後の祭 ⑤チリも積もれば山となる ⑥カエルの子はカエル ⑦泣く子は育つ ⑧ネコに小判 ⑨三度目の正直 ⑩当たってくだけろ

高学年 10 よく使う「〇〇的」を考えよう

次の文章には、教科書にもよく出てくる「〇〇的」という言葉が入っています。（　）にあてはまる言葉を、「感情　開放　論理　積極　消極　楽天」から選びましょう。

① 彼はとても（　　　）的なので、少々のことは気にしないが、すぐにおこり出すという（　　　）的な一面を持っている。
② 仕事には（　　　）的で、自分からすすんで取り組もうとする。
③ やる気がなくて（　　　）的な発言をする人たちが多いと困ります。
④ 彼の発言は、（　　　）的で人を納得させる力を持っている。

先生・お家の方へ

新しい教科書では、こうした言葉を指導することが大切にされています。意味だけでなく、使い方も考えさせましょう。

【答え】 ①楽天、感情　②積極　③消極　④論理

高学年 11

どちらがいいのかな？

こんな場合には、どんなふうに言えばいいのかな？
二つの文のうち、どちらか一つを選んでください。

① 海が美しいときに言うのは、どちらがいい？

A　ここの海は、本当に美しい。

B　ここの海は、本当は美しい。

② ふだんからちゃんとそうじをしている人に言うのは、どちらがいい？

A　今日は、そうじをがんばったね。

B　今日も、そうじをがんばったね。

③　子どもにあやまるために犬を飼おうとしているお父さんが言うのは、どちらがいい？

A　犬を飼っても、だめかな。

B　犬を飼っては、だめかな。

先生・お家の方へ

助詞一つで文章の意味は大きく変わります。二つの文は、いずれもまちがいではありませんが、書いた（話した）人の気持ちが大きくちがっています。

【答え】①A　②B　③A

高学年
12
短縮言葉

「国際連合」を「国連」、「三宮地下街」を「サンちか」と言うように、日本語では言葉を省略して短く言いかえることがよくあります。
次の言葉は、何という言葉を縮めたものでしょうか。

㋐ デパちか
㋑ スマホ
㋒ エアコン
㋓ たなボタ
㋔ コンビニ

㋕ メアド

㋖ シャホチョウ

㋗ デジカメ

㋘ パソコン

㋙ メル友《とも》

先生・お家の方へ

短縮言葉の中でも、ふだんニュースなどで見聞きする機会の多い言葉を中心に取り上げました。ふだん使っている短縮言葉が本当はこういう言葉だったのだということも、知ってほしいものです。

【答え】㋐デパートの地下　㋑スマートホン　㋒エアーコンディショナー　㋓たなからボタモチ　㋔コンビニエンスストアー　㋕メールアドレス　㋖社会保険庁　㋗デジタルカメラ　㋘パーソナルコンピュータ　㋙メール友だち

高学年13 クイズ しいて言うなら Ⅱ

よく似た「感情を表す言葉」を考えてみましょう。次の言葉はどちらでも使えるような気がしますが、「どちらかに決めなさい」と言われたら、どちらに当てはまるでしょうか？

①　あこがれる　待ち望む

・優れた先輩《せんぱい》に（　　　　　　　）。
・救世主の到来《とうらい》を（　　　　　　　）。

②　おろおろ　そわそわ

・朝からお客さんが来るというので、母は（　　　　　　　）している。
・突然《とつぜん》警察がやって来たので、母は（　　　　　　　）している。

③　気が楽になった　肩《かた》の荷が下りた

・子どもがようやく一人前になったので、（　　　　　　）。

・「失敗は成功のもとだよ」と言われて、（　　　　　　）。

先生・お家の方へ

意味が似ていても、使い方が微妙にちがう言葉があります。言葉のちがいを認識させるだけでも、言語感覚は磨かれます。

【答え】①あこがれる　待ち望む　②そわそわ　おろおろ　③肩の荷が下りた　気が楽になった

高学年
14

言葉をやわらかく
―漢語から和語へ―

次の手紙は、なんだかとてもかた苦しくて、厳しい感じがします。これを和語《わご》(ひらがな言葉)に変えるだけで、やさしい手紙に大変身。やってみましょう。

先日送付頂《いただ》いた書物を熟読しました。思考の方向が類似《るいじ》していることを、再認識しました。他者への配慮《はいりょ》ということの重要性を、今後、忘却しないようにしたいと思います。ご厚情、深謝いたします。

こんな感じの紙に…
先日送付頂いた書物を熟読しました。思考の方向が……
こんな感じの顔の人が…
書いた感じ…
デス

先生・お家の方へ

和語と漢語は、場面場面で使い分けできなければなりません。問題の文章のようなものに出会ったら、「おかしいな」と思う感覚がとても大切です。

【答え】例・この間送っていただいた本をじっくり読みました。考え方がよく似ていると、また思いました。他の人への気遣《きづか》いということのだいじさを、これからは、けっして忘れないでおきたいと思います。お心遣い、ありがとうございます。

高学年 15

発明者は、だれ？

「○○を作ったのは。△△さん」
みんなも、次のようなだじゃれで作品を作ってみよう。

例1 大福もちを作ったひとはだれ？
オストアンデルさん
↓押すと、あんこが出てくるから。

例2 水道を発明したのはだれ？
ヒネルトジャーさん
↓水道は、きゅっとひねると、ジャーと水が出るから。

ワタシのナーマエーはー
「ヒネルトジャー」
ジャー

先生・お家の方へ

言葉の学習には、活用力という、自由な力が必要です。だじゃれの遊びも、子どもたちの柔軟な発想を育てます。

高学年 16

外国から入ってきた言葉？

カメラ、テレビ、パソコンなどは、外国から入って来た言葉です。そのような言葉を外来語《がいらいご》と言います。では、次の言葉はどうでしょう？

カステラ、コップ、ボタン、パン、タバコ、シャボン、マント、ビスケット。

実は、これらは、すべて外来語です。

さらに、次の言葉はどうでしょう？

天ぷら、カルタ、金平糖《こんぺいとう》、合羽《かっぱ》、カボチャ。

実は、これらもすべて外来語です。十六世紀の末、当時貿易をしていたポルトガルから伝わったポルトガル語が、そのまま日本語になりました。

意外な外来語を集めてみても楽しいですよ。

先生・お家の方へ

天ぷら、カルタ、金平糖などが外来語であることに子どもたちはかなり驚きます。

高学年
17
万葉仮名暗号

『万葉集』では、漢字の音《おん》や訓《くん》を使って歌が書かれています。たとえば、「波万」は「はま（浜）」、「不根」は「ふね（舟）」です。これを万葉仮名《まんようがな》と言います。この万葉仮名が、ひらがなやカタカナのもとになったと考えられています。

先生が万葉仮名を使って暗号を作ってみました。強引に読むと暗号が解けるかも。

① 阿都伊代寸根
② 於那可我寸貴万子太
③ 阿子太八礼留止伊伊那

先生・お家の方へ

万葉仮名を使ったクイズです。暗号を楽しく解きながら、万葉仮名にふれることができます。

【答え】①あついですね　②おなかがすきました　③あしたはれるといいな

高学年 18

「生」は、いい意味？　悪い意味？

「生《なま》」がついた言葉がたくさんあります。生キャラメル、生ハム、生ビール、生クリーム、どれも新鮮でおいしそうですよね。

また、生中継《なまちゅうけい》や生番組は、リアルに伝わるお得感があります。

しかし、生意気、生返事、生かじりなど、「生」には悪い意味の言葉もあります。

「生」のつく言葉を集めて、いい意味か、悪い意味か、考えてみましょう。

先生・お家の方へ

辞書で調べてみると、「生」がつく言葉が驚くほどたくさんあります。大きく分けて、「新鮮」という意味と「中途半端」「なんとなく」の意味があるようです。

子どもたちに言葉に興味を持たせ、言葉の持つ両面性にふれさせることができます。

【答え】 いい意味・・・生菓子、生魚《なまうお》、生竹《なまだけ》など　悪い意味・・・生覚え、生煮《なまに》え、生半可《なまはんか》など

高学年 19

三段論法

有名な「三段論法《さんだんろんぽう》」に、次のようなものがあります。

すべての人間は死すべきものである。
ソクラテスは人間である。
ゆえにソクラテスは死すべきものである。

みなさんは、納得でしょうか?

では、先生も「三段論法」で説明してみます。

すべての人間は死すべきものである。

犬は人間ではない。
ゆえに犬は死なない。

納得ですか？
納得できない人は、
反論を考えてみましょう。

先生・お家の方へ

論理的に考える力を育てる言葉遊びです。子どもたちは、いろいろな角度から反論を考えます。だれの反論が一番説得力があるか、コンテスト形式で競っても楽しいです。

このようなちょっとした言葉遊びで、考えることが好きな子どもたちに育てたいものですね。

高学年 20

同じ作者の作品はどれ？

来週、同じ作者の作品を見つけるクイズをします。教科書で習ったこともある新美《にいみ》南吉《なんきち》や、ケストナーやエッツ、カニグズバーグ、プロイスラーなどの作品も出てくるから、さがしておいてね。

翌週

次の中から、同じ作者の本を二つずつ選びなさい。

A　『大どろぼうホッツェンプロッツ』
B　『おとうさんはウルトラマン』
C　『手ぶくろを買いに』
D　『飛ぶ教室』
E　『いどにおちたぞうさん』
F　『そらいろのたね』
G　『ぐりとぐら』

H『ふたりのロッテ』
I『クローディアの秘密』
J『クラバート』
K『おまえうまそうだな』
L『ごんぎつね』
M『わたしとあそんで』
N『魔女ジェニファとわたし』

これがわからないなんて…

先生・お家の方へ

なつかしい絵本から、子どもたちの間で昔からベストセラーになっている著名な本までそろえました。本を手に取るきっかけになるかもしれませんね。

【答え】 AとJ（オトフリート・プロイスラー作）　BとK（宮西達也作）　CとL（新美南吉作）　DとH（エーリヒ・ケストナー作）　EとM（マリー・ホール・エッツ作）　FとG（中川李枝子作）　IとN（E・L・カニグズバーグ作）

高学年 21

聞いてQ
―キーワードをつかめ編―

先生がお話をして、クイズを出します。キーワードは何か、考えながら聞いてください。

お話

クラブ活動が終わって帰るとき、太郎君と二人で真っ直ぐな道を歩いていました。西日が背中に当たって、暑いほどになりました。まるで春のようなあたたかい日ざしでした。二人とも、あせだくだくになりました。そこで、分厚いコートをぬいで、手に持って歩きました。それでも、あせは、とまりませんでした。この季節にこれだけあせをかくのは、めずらしいことです。

クイズ

① いつごろの季節ですか?

② 朝、昼、夕方のどの時間帯ですか?

③ 二人はどちらの方角に向かって歩いていましたか?

先生・お家の方へ

注意深く聞くと、「西日」と「背中」、「コート」など、ヒントになる言葉が出てきます。聞き取りで大切なのは、キーワードをいかにつかむかです。

【答え】 ①冬　②夕方　③東

参考文献

●元木公彦著『授業技術実践シリーズ⑬国語　音声言語でことばをひらく』（国土社）
●上條晴夫編著『小学校の教室でつかう　おもしろ話ミニネタ帳』（たんぽぽ出版）
●上條晴夫著『授業でつかえる漢字あそびベスト50』（民衆社）
●上條晴夫編著『論理的な表現力を育てる学習ゲーム』（学事出版）
●上里おもしろ教育情報研究会著『いつでもどこでも友だち作りゲーム100選』（明治図書）
●横田経一郎著『楽しい短作文のネタ50選』（明治図書）
●モンセラット・サルト著　佐藤美智代・青柳啓子訳『読書で遊ぼうアニマシオン』（柏書房）
●岩辺泰吏編『ぼくらは物語探偵団』（柏書房）
●井上尚美著『国語科授業改革双書㉒思考力育成への方略―メタ認知・自己学習・言語論理』（明治図書）

高学年

著者紹介

●多賀一郎

1955年兵庫県生まれ。神戸大学附属住吉小学校を経て，私立小学校に長年勤務。現在，追手門学院小学校。専門は国語教育。元日本私立小学校連合会国語部全国委員長。年間100回以上，公私立校で指導助言をしている他，親塾等で保護者教育に力を注いでいる。また，教師塾やセミナー等で，教師が育つ手助けをしている。主な著書に『一冊の本が学級を変える』『孫子に学ぶ教育の極意』『多賀一郎の荒れない教室の作り方』『きれいごと抜きのインクルーシブ教育』（共著）『改訂版　全員を聞く子どもにする教室の作り方』『一人ひとりが聞く子どもに育つ教室の作り方』『危機に立つSNS時代の教師たち』（以上，黎明書房）『ヒドゥンカリキュラム入門』『大学では教えてくれない保護者対応』（以上，明治図書）『小学生保護者の心得　学校と一緒に安心して子どもを育てる本』（小学館）『女性教師の実践からこれからの教育を考える』（共編著，学事出版）他多数。

●中村健一

1970年山口県生まれ。現在，山口県岩国市立川下小学校勤務。お笑い教師同盟などに所属。日本一のお笑い教師として全国的に活躍。主な著書に『子どもも先生も思いっきり笑える73のネタ大放出！』『つまらない普通の授業に子どもを無理矢理乗せてしまう方法』『クラスを「つなげる」ミニゲーム集 BEST55 ＋ α』『つまらない普通の授業をおもしろくする！　小ワザ＆ミニゲーム集 BEST57 ＋ α』『担任必携！　学級づくり作戦ノート』（編著）『笑う！　教師の1日』（共著）『もっと笑う！　教師の2日目』（共著）『新装版　子どもが大喜びで先生もうれしい！　学校のはじめとおわりのネタ108』（編著）『新装版　めっちゃ楽しく学べる算数のネタ73』（編著）（以上，黎明書房），『中村健一　エピソードで語る教師力の極意』『策略　ブラック学級づくり―子どもの心を奪う！　クラス担任術―』（以上，明治図書）他多数。

＊イラスト・山口まく

新装版《しんそうばん》　教室《きょうしつ》で家庭《かてい》でめっちゃ楽《たの》しく学《まな》べる国語《こくご》のネタ 63

2020年4月25日　初版発行

著　者　多《た》　賀《が》　一《いち》　郎《ろう》
　　　　中《なか》　村《むら》　健《けん》　一《いち》
発行者　武　馬　久仁裕
印　刷　株式会社　太洋社
製　本　株式会社　太洋社

発　行　所　株式会社　黎《れい》　明《めい》　書《しょ》　房《ぼう》
〒460-0002　名古屋市中区丸の内 3-6-27　EBS ビル　☎ 052-962-3045
FAX 052-951-9065　振替・00880-1-59001
〒101-0047　東京連絡所・千代田区内神田 1-4-9　松苗ビル 4 階
☎ 03-3268-3470

落丁本・乱丁本はお取替します。　ISBN978-4-654-02331-8